تُرى ما هُوَ الكَنْزُ؟!

تأليف: ميساء موسى

رسوم هشام سليمان

دار الرُّقيّ

للطباعة والنشر والتوزيع

إهــــداء

إلى كلِّ أطْفالِ العالَم،
إلى كلِّ مَنْ كانَ سَنَدًا لي
ويَدْعَمُني مِنْ عائِلَتي وأصدِقائي،

«ماهِر» في الثّامِنِ مِنْ عُمْرِه، يُحِبُّ السِّباحَةَ والغَطْس.
وكانَ يَتَدَرَّبُ ضِمْنَ فَريقٍ لِتَعَلُّمِ الغَطْسِ بَعْدَ دَوامِ المَدْرَسَة.

أبوهُ يُشَجِّعُهُ دَوْمًا ويَقولُ لَه: «يَوْمًا ما سَتُصْبِحُ غَطَّاسًا ماهِرًا يا عَزيزي».

ذاتَ يَوْمٍ، تَوَجَّهَ بَعْدَ المَدْرَسَةِ إلى مَرْكَزِ التَّدْريبِ فكانَ رِفاقُهُ والمُدَرِّبُ بِانْتِظارِهِ لِلْبَدْءِ بِالتَّمارين.

«هَيّا يا أبْطال، بَدَأَ وَقْتُ التَّدْريب»، المُدَرِّبُ «ماجِد».

بَعْدَ أَنْ سَمِعوا صَوْتَ الصَّفّارَة، غَطَسَ الأَوْلادُ في المَسْبَح.

وكانَ «عادِل» صَديقَ «ماهِر» المُقَرَّب يَتَنافَسُ مَعَهُ لِلوُصولِ إلى اللَّقَب.

نادَى المُدَرِّب: «هَيّا يا أوْلاد! مَنْ سَيَصِلُ أوَّلًا؟ أُريدُ رابِحًا بِوَقْتٍ قِياسِيٍّ».

لَكِنَّ «ماهِر» و«عادِل» لَمْ يَسْمَعا المُدَرِّب!

«اُنْظُرْ يا عادِل! إنَّهُ صُنْدوقٌ ... يا تُرى ماذا يوجَدُ في داخِلِه؟!» قالَ «ماهِر».

حَمَلا الصُّنْدوقَ وأَخَذاهُ إلى الْمُدَرِّب، «اُنْظُرْ ماذا وَجَدْنا! تُرى هَلْ فيهِ كَنْزٌ!»، قالا ذَلِكَ بِلَهْفَةٍ لِمَعْرِفَةِ ما يوجَدُ في الصُّنْدوق.

قالَ المُدَرِّب: «نَعَم، إنَّهُ كَنْزٌ، لَكِنْ لَنْ نَفْتَحَ الصُّنْدوقَ الآنِ، أنا رَمَيْتُهُ في المَسْبَحِ، والَّذي سَيَتَفَوَّقُ في المُباراةِ آخِرِ السَّنَةِ، سَيَحْصُلُ عَلى هَذا الكَنْز!».

كانَتْ فَرْحَةُ كُلِّ الأَوْلادِ لا توصَف، فَهَذا يُحَفِّزُهُم أَكْثَر لِلوُصولِ إلى المُباراةِ النِّهائِيَّة.

لَكِنَّ حَماسَةَ «ماهِر» وتَشْجيعَ والِدِهِ لَهُ ساعَداهُ عَلى التَّدْريبِ أَكْثَر وسَماعِ الإِرْشاداتِ كُلِّها مِنَ المُدَرِّبِ لِتَحْسينِ أَدائِه.

والأَهَمُّ مِنْ ذَلِكَ كُلِّهِ هَذا الكَنْزُ الخَفِيُّ في الصُّنْدوقِ الّذي بَقِيَ مَعَ المُدَرِّبِ «ماجِد».

فَالأَوْلادُ تَدَرَّبوا كَثيرًا وقَدْ أَتَتِهم الفُرْصَةُ الأَخيرَةُ لِلتَّسابُقِ والرِّبْحِ.

سَمِعوا صَوْتَ الصَّفّارَة، وَبِهَذا أَعْلَنَ المُدَرِّبُ بِدايَةَ المُباراة.
فَعَلَتْ أَصواتُ التَّشْجيعِ مِنْ قِبَلِ الأَهْل، وكانَ مِنْ بَيْنِهِم والِدُ

«ماهِر» يَهْتِف: «هَيّا يا بَطَلي الصَّغير! هَيّا أريدُكَ أَنْ تَرْبَح».

وبِالفِعْلِ كانَ إِصْرارُ «ماهِر» في مَكانِهِ فَهُوَ راهَنَ عَلى

الحُصولِ عَلى اللّقَب:

«أفْضَلُ غَطّاسٍ»، أو كَما يَقولُ والِدُهُ لَه:
«الغَطّاسُ الماهِر».

فَبَيْنَ هِتافاتِ الأَهْلِ وتَشْجيعِهِم وتَأَمَّلِ المُدَرِّبِ لِلغَطّاسينِ الأبْطال. صَفَّرَ المُدَرِّبُ وهَتَف: «أَحْسَنْتَ يا ماهِر! أَنْتَ أفْضَلُ غَطّاسٍ لِهَذا العام!».

فَرِحَ كَثيرًا وقَدَّمَ لَهُ رَئيسُ اللَّجْنَةِ الميدالِيَةَ الذَّهَبِيَّةَ وهَنَّأَهُ عَلى الفَوْز.

اقْتَرَبَ المُدَرِّبُ مِنْهُ وَمَعَهُ الصُّنْدوقَ وقالَ لَهُ: «هَيّا يا ماهِر، افْتَحِ الصُّنْدوق!».

فَوَجَدَ «ماهِر» ثِيابًا جَديدَةً لِلغَطسِ مَعَ أَدَواتِ الغَطْسِ كُلِّها.

وأضافَ المُدَّرِّب: «هَذِهِ أَصْبَحَتْ لَكَ».

شَكَرَهُ «ماهر» وقال: «أنا أفْضَلُ غَطّاسٍ لِأَنَّكَ أفْضَلُ مُدَرِّبٍ».

OX

1 - من يحبّ هواية الغطس في الماء؟

....

2 - وإن كنت لا تحبّ الغطس ، ما هي الهواية الّتي تفضّلها أنت؟

....

3 - من يشجّعك على القيام بها؟

....

4 - هل سبق أن شاركت في مسابقة معيّنة؟ ما هي؟

....